The Power of Your Thoughts
A Guided Journal for Self-Empowerment

露易絲・賀 Louise L. Hay —— 著
聿立 —— 譯

允許一切的美好發生

強化心念力量的引導日誌

這本日誌屬於

_____

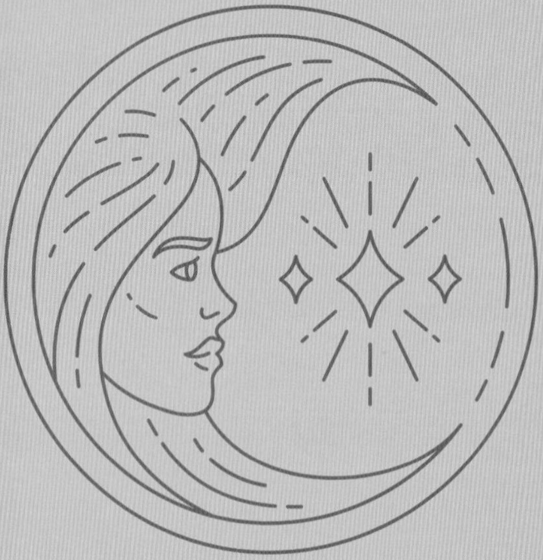

前言

　　露易絲・賀絕對是我們認識最具自我驅動力的人之一，完全體現了我們在 Hay House 出版社努力實踐的理念。然而，她的人生並非一帆風順。

　　早年的露易絲生活貧困、飽受虐待，多年後才建立起些許自尊心，最終學會了如何愛自己，同時非常重視他人能否從她的經驗中受益。她從不認為自己與眾不同，常說：「如果**我**能做到，所有人也都可以。」我們深感認同。

　　露易絲在世時說過的智慧箴言幫助了無數人，我們十分感恩，能在她離世後繼續分享她的話語。日誌的每一頁，都以全新的方式呈現她永恆不朽的教誨。積極參與書中練習，就能學會如何以充滿愛的正向心態掌握自己的人生。我們衷心希望，讀者能將這份愛與力量，分享給身邊的人與更廣大的群體。如此一來，露易絲嚮往的世界──一個我們能安心愛彼此的世界，將逐步成為現實。

　　願這本日誌能幫助你運用心念的力量，顯化夢想中的美好生活！

── Hay House編輯部

Contents

003　　　前 言

007　　**引導練習**

008　　練習1　　生命眷顧著我，希望我獲得幸福。

012　　練習2　　賦能就是教自己如何展翅高飛……我知道我擁有強健的羽翼！

016　　練習3　　此刻，我要取回我的力量。

020　　練習4　　力量源於當下。

024　　練習5　　我知道我能在生命中創造奇蹟，我接納自己的力量。

030　　練習6　　我只說發自於愛、正向積極，且具有建設性的話語。

036　　練習7　　現在，我選擇在任何地方尋覓美好。對人、對地方、對情境，我都採取這樣的態度。

040　　練習8　　我向內探求我的寶藏。

044　　練習9　　我尋求的一切，其實早已存在我心中。

050　　練習10　我釋放任何基於舊有負面想法的限制，欣然期盼未來。

Contents

060	練習11	我允許自己成爲我能成爲的一切，我理當獲得生命中最美好的事物。
064	練習12	我敬畏自己思想的力量，它能療癒我的身體和生命。
076	練習13	我知道，在任何關係中，我都能選擇讓自己感到幸福、完整和圓滿的道路。
090	練習14	現在，我正邁入富足與豐盛的新時代。
104	練習15	每天，我都更充分地展現眞我內在的美麗與力量。
120	練習16	生命只帶給我美好的體驗。我敞開心胸，迎接嶄新且美好的改變。
124	練習17	我是我的世界裡唯一的力量，我創造了和平、愛、喜悅和充實的生活。
128	練習18	此刻，我正沐浴在無盡的愛、光明與喜悅之中，我的世界一切安好。

135　**精選金句中英抄寫**

引導練習

練習1

生命眷顧著我，
希望我獲得幸福。

Life loves me
and wants me to be happy.

我們生來便是生命的美好與愛的體現。生命正等著你敞開心扉接受它,感受自己配得上它為你蘊藏的美好。生命渴望你擁有最美好的一切,也希望你擁有平和的心境、內在的喜樂、自信、豐沛的自我價值感,以及自愛。你值得時刻感到自在,並在與人相處時感到遊刃有餘。宇宙的智慧與洞見隨時為你所用,你始終被愛支持著。

請相信內在的力量時刻守護著你。

我們處於個人與全球都正歷經巨大變革的時代。我相信,所有生活在此際的我們都是自願來到這,自願成為這場變革中的一分子。我們將共同促成改變,將舊有的生活方式,轉化為充滿更多愛與和平的模式。曾經,我們習慣於「向外」尋求救贖,如今,我們正在學習向內探求,去找到那份力量──我們正是自己一直苦苦尋覓的力量,我們掌握著自己的人生。

我們是強大且富有創造力的存在。每個念頭、每句話語,都形塑著我們的未來。當我們獲得啟發,並有意識地關注自己的一舉一動,就能開始改變自己的生活。

我們要為生活中的每段體驗負責，無論是最好或最糟的，都是由我們的思想和言語創造的。重要的是，必須明白：

> 我們擁有思想和言語的力量。
> 當我們改變想法和言語，
> 經歷也會隨之改變。

無論來自何處、童年過得多艱辛，你都可以在今天做出積極的改變。

當你開始有意識地掌控自己的思想和言語，便擁有了能創造夢想生活的工具，這正是這本日誌的目的。除了肯定句，書中還有許多引導問題，希望你能花時間悉心完成每項練習。沒有時間限制、不須急於求成，最重要的是確保自己擁

有最豐富的收穫。書中也收錄了幾段靜心引導詞，你可以把它們錄下來，就能閉上眼睛充分感受這些文字。最後，我鼓勵你在這段旅程中發揮創意，讓頭腦和心靈共同投入，為你帶來最真實的結果。

生命是為了你存在，
你只須提出請求。

告訴生命你想要什麼，然後允許美好的事物發生。完成日誌中的練習後，我相信你能領悟這項真理，明白自己蘊藏著多麼強大的力量。

練習 2

賦能就是
教自己如何展翅高飛……
我知道我擁有強健的羽翼！

Empowerment is
teaching myself to fly . . .
and I know
my wings are strong!

首先，我想請你寫下對目前生活的感受。哪些方面很順利，又有哪些地方需要改善？你真正想要的是什麼？

_____
_____
_____
_____
_____

　接著，請試著思考「力量」的概念：你認為自己在生活中擁有力量嗎？你認為誰或哪些事物在世上擁有力量？是否有讓你感覺特別充滿力量的時刻？那種感覺自在嗎？你成長的家庭或文化是否強調個人力量？請將答案記錄下來。

_____
_____
_____
_____
_____

很多人在成長過程中不認爲自己有主動權，反而被教導要盡可能縮小自我和表現溫順。例如，在許多文化中，女性都被期望要將自己的力量交給男性。

記得，曾有位女性告訴我她缺乏自信，因爲她就是被這樣養大的。花費多年時間，她才意識到正是這種根深柢固的制約困住了她。尤其，她將問題歸咎於丈夫和姻親。即使後來與丈夫離異，她仍將生活中的許多不順遂怪罪於前夫。她花了十年時間重新調整自己的行爲模式，並取回自己的力量。她才明白，責任不在丈夫或姻親，而是她不敢爲自己發聲、爲自己挺身而出，他們只是反映出自己內心的無力感罷了。

如果上述故事引起了你的共鳴，請了解：是時候做出改變了。

**不需要將力量拱手讓給任何人，
你也不需要遵守他人對於對錯的定義。**

記住，只要不交出自己的力量，任何人都無法掌控你。

沒有人、地方
或事物能掌控我，
我是自由的。

No person, place, or thing
has any power over me.
I am free.

練習3

此刻，
我要取回我的力量。

This is the moment
I take my power back!

只要生活不幸福或不順遂，我們便很容易責怪他人，認為都是**他們**的錯。你是否也將生活中的處境歸咎於某人？請將你的想法寫在下方。

　　要明白，責怪的話語無法帶來自由，反將持續置人於困境、問題與挫折之中。

力量，來自於對自己的人生負責。

我明白「為自己的人生負責」聽起來很可怕，但無論你是否接受，都必須這麼做。怪罪他人等同於放棄自身力量，承擔責任則賦予自己改變生活的力量。扮演受害者是將力量讓給外界、讓自己變得無助，而擔起責任，將讓你不再浪費時間責怪**外在**的一切。我想特別說明的是，有人會將這個概念與「罪惡感」連在一起，認為自己應該為某方面的失敗感到內疚，以證明自己「知道錯了」，但這不是我想表達的「負責」。

當我們將挑戰視為思考如何改變生活的契機，便能掌握自己的力量。例如，遭遇嚴重健康問題時，有人仍能從病痛中找到值得感恩的事，認為這是能以不同方式體驗生活的機會；有人則到處訴說「我是受害者，我好可憐哪」。然而，這樣一來便很難真正地處理問題，更別提將問題視為增強自身力量的契機了。

負責，就是對情境做出回應的能力。

我們永遠都有選擇的權力。這不表示要否認生活中正在發生的種種，僅意味我們將意識到現況是自己造成的。藉由負起責任，我們將開啟改變的力量。請問問自己：「在這種情況下，**我能做些什麼？**」我們必須明白，我們**一直擁有**足夠的力量，可以隨時選擇以不同的方式做出回應。

處境也許不會改變，
但我們永遠擁有改變的力量。

　　回到之前的練習，你能如何將責怪的情緒轉化為負責任的心態？如何重新掌握自己的力量？

練習4

力量源於當下。

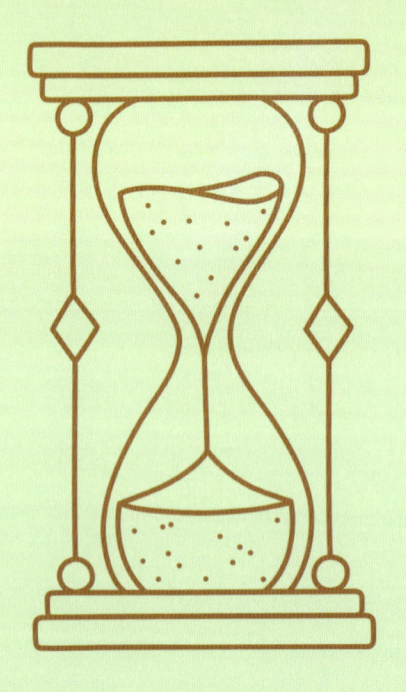

The point of power
is in the present moment.

過去只存在於我們的思想中，如何理解與詮釋，也取決於我們在腦中選擇如何看待它。我們活在**此時此刻**，感受的是**此時此刻**，體驗的也是**此時此刻**。現在所做的一切，都是在為明天奠基，因此，**現在**就是做決定的最佳時機。我們無法改變過去，也無法預知未來，能把握的只有當下。

**重要的是，
我們現在選擇如何思考、相信和表達。**

無論你的負面思維、疾病、惡劣的人際關係、生活的匱乏感，或缺乏人生目標等情況已經持續了多久，都沒關係。今天，你就能開始改變。我們抱持的想法和一再使用的詞彙，創造了我們至今為止的生活和體驗。然而，那是過去的思維和選擇，在今天、當下選擇如何思考和表達，將創造我們的明天、後天、下星期、下個月、下一年⋯⋯

力量永遠源自於當下，改變也由此開始。多麼令人振奮的想法啊！

現在，就讓過去那些無謂的執著煙消雲散吧！哪怕是最微小的起步，都將帶來顯著的影響。

至今我們經歷的一切，都是過去的思想和信念造就。不該帶著羞愧的眼光回顧過往，要將它們視為豐富且充實我們人生的一部分。少了這些經歷，就不會有今日的我們。無須為了當初沒能做出更好的決定自責，當時我們必定已盡力做到最好了。

　　你對這一點有什麼想法呢？請在下方探討自己的反應。

_____

_____

_____

_____

_____

_____

　　無論目前處於什麼人生階段、創造了什麼、現在發生了什麼事，你一直都運用所知、所覺、所學，盡力做到最好了。了解更多，就會採取不同的做法。無須因為現況自責，也不要因為做得不夠快或不夠好責怪自己。

請對自己保持耐心。從決定改變到看到成果的那一刻，你可能會在新舊習慣之間擺盪，但請不要生自己的氣。你需要的是自我鼓勵，不是自我打擊。

想成功做出改變，你需要自己的愛與支持。

要明白，你過去的思維模式不代表你是不好的人，你只是從未學會如何思考和表達罷了。你的父母可能也不懂，所以無法教你，而是依循他們父母的方式教你如何看待生活。因此，**沒有人有錯**。

要明白，你對自己或生活的負面思維模式都不是真的。小時候，你可能聽到了一些對自己或生活的負面評價，於是不知不覺接受了這些想法，並信以為真。現在，我們一起來檢視這些信念，決定要讓它們支持我們，因此過著快樂、充實的生活，還是捨棄它們。

這是覺醒的時刻。

你應該有意識地創造能支持你，且讓你開心快樂的生活。要知道，你永遠是安全的。剛開始你可能不這麼認為，但你終將體會到，生命始終在那支持著你。你將養成新習慣，以更有效的方式運用思想和能量。

你做得到！

練習5

我知道我能在生命中創造奇蹟,我接納自己的力量。

I know that
I can create miracles in my life.
I accept my power.

什麼樣的想法會讓你感到愉快？是愛意、欣賞、感恩、童年回憶，還是慶幸自己還活著，且悉心呵護身體？你是否真正享受當下，且對明天充滿期待？抱持這些想法就是愛自己的表現，這種愛的能量，能在生命中創造奇蹟。

人生其實很簡單：給出什麼就得到什麼。

也就是說，想擁有喜樂，就必須抱持喜樂的想法；期盼富足，就必須思考富足的意象；想擁有充滿愛的人生，就必須懷抱慈愛的心念。

人們的所思所言，終將以相同形式回歸於自身。

然而，許多人卻日復一日過著渾渾噩噩的日子，毫無意識地任由成千上萬個念頭每日縈繞腦中。

現在，讓我們仔細審視心念的力量。想像自己正在自助餐廳排隊取餐，或在豪華酒店的自助餐檯前，不過眼前不是琳瑯滿目的菜餚，而是各式各樣的念頭。我們能任意選擇自己想要的，而這些想法將決定我們未來的體驗。

選擇帶來問題和痛苦的想法是愚蠢的，好比明知某種食物會讓自己生病，卻仍繼續食用。這種事可能會發生一兩次，但一旦你了解哪些食物會造成身體不適，自然會避開它們。食物如此，想法亦然。因此，請遠離那些會製造出問題和痛苦的念頭，選擇讓自己感到愉悅的想法吧。

不過要做到這點，必須先覺察目前占據腦中的是哪些想法。想關注到每個念頭太過困難，但不妨嘗試以下練習：接下來一週內，每天同一時間抽出10分鐘進行自由書寫。在紙上寫下任何浮現的念頭，不加以編輯或批評（若有必要，可使用單獨的紙張）。想像自己是名記者，客觀記錄發生的一切，不加以評判。

一週後，回顧自己寫的內容，並留意其中是否有任何相似的想法或主題。舉例來說，如果注意到自己多次寫下感到疲憊或忙碌，就把它記錄下來。請在這裡描述觀察到的情況。

思緒經常一閃而逝，一開始很難具體描述；相較之下言語的速度較為緩慢，因此可以從現在開始注意、聆聽自己說出口的話。

　　話語有無窮的力量，但許多人未曾意識到它們的重要性。請將言語想成是我們在生活中持續創造的基礎。我們時時刻刻都在使用話語，卻往往只顧著說，很少注意其中的遣詞用字。

　　和記錄思緒一樣，錄下自己說的話是極為有益的練習。用手機或任何錄音設備，在接下來這一週，每回撥打、接聽電話，或與人交談時按下錄音鍵（當然，前提是獲得對方許可）。一週後，請回顧自己說話的內容和方式，你可能會對自己使用的詞彙或語氣的抑揚頓挫感到驚訝。如果發現自己重複說了某句話三次以上，請注意，這就是一種「模式」。有些模式可能是正向和鼓勵性的，但也可能是反覆出現的負面模式。

你發現自己經常使用哪些詞？你有哪些正面模式？又有哪些負面模式？

練習 6

我只說
發自於愛、正向積極，
且具有建設性的話語。

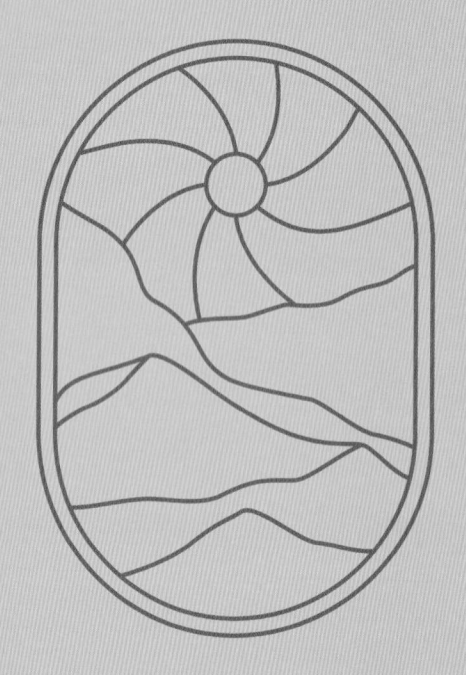

I only speak words
that are loving,
positive, and constructive.

我對「應該」這個詞特別敏感。每次聽到這個詞,就彷彿有鐘聲在我耳邊響起。我常聽到有人在短短一段話中使用了十幾次「應該」。有這樣習慣的人,常疑惑自己的生活為何如此僵化,或無法走出某種困境。他們試圖控制無法掌控的事物,要不認為自己錯了,要不認為別人錯了,然後又會質疑為何自己無法過著自由自在、具有掌控權的生活。

我認為「應該」是語言中最具殺傷力的字詞之一。每說一次「應該」,等於在說「錯了」──不是曾經錯,就是現在錯,或未來會錯。我真想把這兩個字永遠從詞彙中剔除,用*可以*取代。*可以*能賦予我們力量,因為它提供了選擇,而選擇無關乎對錯。

請想出五件你「應該」做的事。

我應該:

現在,把應該改成可以。

我可以:

_____

_____

_____

_____

_____

　　最後,請問自己:「我之前為什麼不這樣做呢?」你可能會發現,自己多年來一直在為一些不想做,或從未想過要做的事責備自己。在上述清單中,你能刪除幾個「應該」呢?

_____

_____

_____

_____

_____

_____

除此之外，我也建議你從詞彙和想法中移除「必須」這個詞，藉此釋放許多不必要加諸在自己身上的壓力。「我必須上班」「我必須做這件事」「我必須……」，這些話會帶來極大的壓力。試著改說「我選擇」吧！「我選擇去上班，因為現在這樣做能讓我養家餬口。」**選擇**能讓我們以截然不同的角度看待生活，將力量重新交回自己手中。

試著思考看看，生活中有哪些你認為自己**必須做**的事，其實可以用你**選擇做**來取代呢？

覺察的美妙之處，在於能幫助我們打破慣性。留意自己的日常對話是一種面對眞相的方式，無論是說出口或在心裡默唸的話皆是如此。我們日復一日傳給自己的訊息，會在腦中鑿出一道道深溝，賦予它們更強大的力量。這些訊息也會向外傳遞能量，將我們聚焦的事物吸引到身邊。

　　我希望你明白的是：「不夠好」的感覺源自於我們對自己的負面想法，但除非我們選擇根據那些想法行動，否則它們無法眞的限制我們。想法只是一串文字，除非人們賦予它們意義，否則它們本身毫無意義，但人們卻經常認爲自己最糟的一面是眞的，並一次次在腦中聚焦負面訊息。

其實，我們生來完美、始終美麗，且將不斷蛻變。

　　我們已經在自己現有的理解、知識和覺察下盡力做到最好，隨著持續成長、改變，這樣的「最好」只會更好。

　　有什麼是你可以用來提升對生活的覺察力？你可以用哪些方式提醒自己檢視想法與情緒？

我深知覺察是療癒或
改變的第一步。
每一天，
我的覺察力都有所提升。

I recognize that awareness is
the first step in healing or changing.
I become more aware with
each passing day.

練習7

現在,我選擇在
任何地方尋覓美好。
對人、對地方、對情境,
我都採取這樣的態度。

I now choose to look for
the good wherever I am.
I do this with people,
with places, and with situations.

人類具有「負面偏誤」，意思是我們更容易被壞消息奪走注意力。許多人不斷關注負面報導，最終認定世上只有壞事。比起聽到好消息，我發現有人更在意是否有負面事件發生，好讓他們能藉此抱怨一番。

　　下次與人相處時，請注意聆聽他們說話的內容和方式，並試著將他們的話語和其生活經歷連結起來。除此之外，也可以觀察其他方面，例如，他們說話的方式讓你感覺愉快嗎？還是你發現自己想遠離那種負能量？對方的言行是否讓你受到鼓舞？請在下方探討你的發現。

負面思維也大幅影響了社群媒體。眾所周知，負面且帶有偏見的言論能帶來更多點閱和分享，但同樣為人所知的是，這種現象有礙心理健康和自尊，容易讓人無法專注內心真正的聲音，從而加深無力感。

　　請在下方寫下自己使用社群媒體的經驗。它對你的自我價值產生了哪些負面影響？

　　你是否認為自己該做出改變？是的話，你想到哪些能提升自我掌控權的計畫？

現在，我從過去的
負面情緒破繭而出，
我有權活出嶄新的生活。

I now arise from
the negativity of the past.
I am free to live a new life.

練習8

我向內探求我的寶藏。

I look within
to find my treasures.

多年前，我學會留意自己的**內在鈴聲**，也就是人們常說的「直覺」或「內在聲音」。我完全信任這個真我的聲音，因為當它響起肯定的「**就是這個！**」時，我知道，無論看似多瘋狂的決定，都是正確的選擇。我的內在鈴聲從未讓我失望，但只要違背這個聲音，事後我都會後悔不已。

　　多數人偶會對某件事產生預感，遺憾的是卻經常選擇忽略，或因他人勸阻作罷。我們真的必須停止這種行為了。

你必須學會相信自己。

　　在這世上，無論你扮演什麼角色，公司執行長還是退休人士、家庭主婦還是商界高手，你內心都蘊藏著和宇宙真理相連的智慧。只要願意向內探求，對自己提出一個簡單的問題：這個經歷想教會我什麼？接著靜心聆聽，答案自會浮現。

　　多數人忙於奔波，讓生活成了肥皂劇和狗血劇，或沉溺於對負面事物的追求，以致忽略了內心的聲音。然而，「內在鈴聲」正是靈魂最誠實、最真實的聲音，賦予自己力量的關鍵，正在於傾聽這個聲音。

　　現在，是時候向內探尋，了解自己的力量和潛能了──請傾聽自己內在的聲音，它將永遠引領你走向最適合自己的路。

每個人的內心都蘊藏著一座智慧、和平、愛和喜樂的寶庫。觸手可及，近在咫尺。

　　只要閉上眼睛，深吸一口氣，傾聽內心的聲音，就能與這些珍貴的天賦連結。

　　氣息是我們生命最寶貴的物質，我們卻經常視為理所當然，認為呼氣之後自然就能吸到下一口氣。然而，一旦氣息終止，我們將活不過三分鐘。既然創造我們的力量賜予了我們足夠的氣息，伴隨我們度過一生，為什麼我們不相信祂必會如期供應我們的其餘所需呢？

　　覺察呼吸，感覺氣息在體內進出。感到恐懼時，我們往往會不自覺屏息，所以要專注於呼吸，保持氣息穩定。恐懼時，腎上腺素會大量分泌，以保護身體免受危害，就算只是在腦中製造恐懼，也會引發類似的生理反應。

呼吸可以幫助你連結內在的力量。

　　呼吸時，脊椎會打直，胸腔會舒展開來，為心臟提供擴張的空間。每一次呼吸，都是放下防禦、敞開心扉的契機，不再向內退縮，而是向外擴展。愛在我們內心深處流動，沒有人能奪走它。無論遭遇何種困境，只要花幾分鐘，將注意力專注在呼吸吐納，就能與自己重新連結。

請花幾分鐘坐著呼吸。吸氣時，請想像自己正在接收宇宙的力量，讓自己充滿愛、保護及安全感；吐氣時，請想像自己正排出所有擔憂、不安及負面情緒。

　　如果準備好了，請在下方寫下這項練習帶給你的感受。

練習 9

我尋求的一切，
其實早已存在我心中。

All that I seek is
already within me.

我們這一生會提出的**所有問題的答案**，早已存在我們心中，只待我們花時間與內在連結。這就是靜心如此重要的原因。靜心能讓我們安靜下來，傾聽自己內在的智慧。若不每天撥出時間靜心，就無法全然連結內在豐盛的寶藏。

我認為，靜坐是我們能做的最有價值的事之一。在內心深處，沒有人比我們更了解自己的人生，以及什麼對自己最有益。

**我們的內在智慧，
是我們與生命的一切最直接的連結。**

這份指引時刻與我們同在，無須刻意追尋，只須敞開心扉，靜待其展現。

對我來說，靜心就是坐下來，關閉喋喋不休的自我對話，讓心靈得以沉靜，傾聽那份指引。靜心有多種形式，稍做研究，就能找到許多值得嘗試的做法——如同生活中的一切事務，找到最適合自己的方法，才能收穫最大的益處。

靜心時我通常會閉上眼睛，深吸一口氣，問問自己：「我需要知道什麼？」然後靜坐聆聽。有時，我可能會問：「我需要學習什麼？」或「這件事要教我什麼功課？」也許你認為自己需要解決生命中所有問題，然而，我們真正需要的或許只是從中有所學習。

　　現在請試著這麼做：閉上眼睛，靜坐五分鐘，問問自己：「我需要知道什麼？」把接收到的訊息寫下來。

_____

_____

_____

_____

_____

_____

_____

_____

_____

_____

剛開始靜心時，那種陌生的體驗與我內在舊有的模式截然不同，讓我的頭部出現劇烈疼痛，持續了整整三週。但我還是堅持下去，最後頭痛也消失了。如果靜心時總是湧現大量負面情緒，靜下來便開始浮現，可能意味它們需要**被釋放**。你只須觀察這些負面情緒的流動，讓它們自然釋放就好，不要試圖抵抗。

　　靜心時睡著了也沒關係。順應身體的需求，時間久了自會達到平衡。重要的是傾聽自己內心的聲音，確保自己有空出時間和空間來聆聽內在的智慧。

　　接下來幾天，請寫下靜心時出現的任何訊息和感受。你是否注意到任何重複的模式？

入睡前，你的**腦中縈繞著什麼樣的思緒**？是強大、療癒的思維，還是擔憂、匱乏的念頭？請注意，這裡指的「匱乏」不是金錢上的短缺，而是任何形式的負面思維、任何阻礙生命流暢運轉的念頭。也就是說，你是否經常因為擔憂未知的明天而輾轉難眠？

要明白，睡前接收任何類型的新聞，都會使其負面能量入夢，因此，我強烈建議不要在睡前看新聞！

你必須留意在睡前輸入意識的內容。

我知道入睡後腦袋會進行很多清理工作，為隔天做好準備，因此我通常會在睡前閱讀一些正面內容，也推薦你這麼做。

此外，我發現將遇到的問題或疑惑交給夢境，也非常有幫助。我知道夢境會協助我處理生活中的一切。

接下來幾天，不妨嘗試以下做法：睡前，在下方寫下任何困擾的事；醒來後，快速記下夜裡浮現的任何思緒。

練習10

我釋放任何
基於舊有負面想法的限制，
欣然期盼未來。

I release any
limitations based on old,
negative thoughts.
I joyfully look forward
to the future.

回顧自己在第27頁寫下想法時**觀察到的主題**。它們偏向負面還是正面?這些主題是最近才出現,還是幾乎貫穿了你的一生?影響你思維模式的潛在因素是什麼?請在這裡檢視這件事。

如果你和多數人一樣，也曾寫下諸如**好累**、**太忙了**、**怕沒錢**、**不想生病**，或**害怕孤獨終老**之類的句子，我想讓你知道，這些全都是肯定句。沒錯，無論你是否意識到，其實你隨時都在使用肯定句。每次抱怨，都是在肯定生活中某件你不想要的事物；每次發怒，都是在肯定你想要生活中存在更多憤怒；每次感覺自己是受害者，都是在肯定你想繼續扮演受害者的角色。如果認為生命沒有給予你想要的，可以確定的是，在你改變思考和說話的方式之前，你永遠無法獲得生命賜予他人的美好。

**如你所學，想感受到內在的力量，
就必須重新訓練自己的思維和說話方式，
轉變為正向模式。**

建立新的肯定句正是開啟這扇大門的鑰匙，是通往改變的起點。本質上，你是在對潛意識說：「我正在承擔責任，我意識到自己可以做些什麼帶來改變。」

建立新的肯定句，指的是有意識地選擇詞彙，以消除生活中不想要的事物，或創造新事物。這並不困難，反而可能是充滿喜悅的體驗，因為你將卸下舊有負面信念的包袱，讓它們回歸最初的虛無。

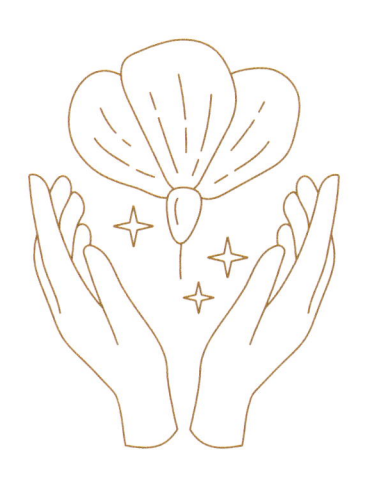

**肯定句能為你創造一個焦點，
讓你開始改變思維。**

　　肯定句能超越當前的現實，透過當下使用的詞彙創造未來。選擇肯定地說「我非常富足」，即使此刻存款寥寥無幾，也正在為自己未來的富足播下種子。

**讓肯定句迅速且持續發揮作用的關鍵，
在於營造出有利於它生長的氛圍。**

　　每重複一次肯定句，都是重新確認自己種在心靈氛圍中的種子。在肥沃、富饒的土壤中，事物能長得更快，這就是需要營造快樂氛圍的原因。心情愉悅時，更易於以正向肯定句思考。越常選擇愉快的念頭，越能快速發揮肯定句的效用。

使用肯定句時，請務必遵循以下要點：一律使用**現在式**，且避免用簡語。例如，典型的肯定句會以「我有……」或「我是……」開頭，說「我將要……」或「我將有……」，想法就會停留在未來。宇宙會按照字面意思理解你的思想和言語，照你所說的給予。**無一例外。**

潛意識的運作非常直接，沒有任何策略或設計，聽到什麼就執行什麼。說「我不想再生病了」，潛意識只會聽到「再生病」這幾個字，所以必須清楚告訴它你真正想要的是什麼，改說：「我感到神清氣爽，散發著健康的光芒。」

有多少次，你為了生活的不如意感嘆不已？這麼做曾讓你因此獲得真正渴望的事物嗎？如果真心想改變人生，那麼與負面想法抗爭完全是浪費時間。事實上，越執著於不想要的事物，反而越會將其放大、實現。

注意力聚焦在何處，
便會讓它在生活中生根發芽、永久駐留。

因此，請拋開負面想法，將注意力集中在真正渴望成為或擁有的事物上吧。

肯定句的運用僅為過程的一部分，一天當中的整體所為更加重要。如果大部分時間都在抱怨，只說了一次正向肯定句，那麼即使說了也收效甚微。負面肯定句永遠會占上風，因為被運用的次數更多，且往往伴隨著強烈情緒。

練習到這個階段，相信你已經對思想和言語的力量有更深入的了解。你是否願意將內心的自我對話，轉化為正向的肯定句？

　　讓我們再次回顧那些負面想法：好累、太忙了、怕沒錢、不想生病、害怕孤獨終老、不快樂。我們可以將這些負面想法都轉化成正向肯定句：

我精力充沛、熱情滿滿。

我有的是時間，時間對我來說是可以延展的。

我財運亨通。

我身心健全。

我充滿愛與關懷。

我喜悅、幸福，且自由。

請試著模仿上述的正向肯定句，改寫你在第51頁寫的句子，記得要寫出讓自己心情愉快的句子喔。

我心念所想，皆能實現。
我卓爾不群，無與倫比。

I have the power
to create all that
I wish with my mind
and my thoughts.
I am truly someone special.

我常建議經過鏡子時就凝視自己的眼睛，說些正向肯定的話，「鏡子練習」能讓正向的句子成為效果強大的肯定句。運用鏡子讚美自己、肯定自己，或在困難時期鼓勵自己，能有效與自己建立更深層次、更愉快的關係。

鏡子應該成為我們的夥伴、朋友，而不是敵人。

　　現在，請站起來，拿著這本書走到鏡子前，看著自己的眼睛，大聲對自己說：「我愛你，我正開始為自己的生活做出正向的改變，我將每天提升我的生活品質。我感到幸福、滿足。」重複這段話三到四次，並在中間進行深呼吸。

　　留意自己說正向肯定句時閃過的念頭。請記住，腦中那些自我批評和負面的聲音只是一些陳腔濫調，對它們說聲「感謝分享」就好。記得，你可以接受自己的想法但不賦予它們力量，也不要因為對自己做出評判而責怪自己，這麼做只會增加不安。

現在起,每看到一面鏡子,就看著自己的眼睛說些正向的話。如果時間不夠,說句「我愛你」就好。這個簡單的練習將在你的生活中引發奇妙的漣漪,請記下做這項練習幾天後發生的變化。

練習 11

我允許自己成為
我能成為的一切,
我理當獲得生命中
最美好的事物。

I give myself permission to be
all that I can be.
I deserve the very best in life.

回到你在第13頁列出的清單,回想你是如何回答這個問題的:你真正想要的是什麼?現在,請對自己說:「我為自己接受＿＿＿＿＿(填入你真正想要的任何事物)。」這麼做讓你產生了什麼想法或感受?

我發現很多人覺得這項練習很困難。個人力量源自於對自我價值的認知，但人們往往不相信自己值得擁有眞正想要的事物。這種「不配得感」可肇因於童年經歷，但不必因此認爲無法改變。再次強調，我們不必將力量拱手讓人！

　　不相信自己值得擁有美好，就會想方設法破壞自己的生活、以各種形式表現：可能會製造混亂、丟失物品、傷害自己、出現摔倒等身體狀況，或發生意外。我們必須相信自己值得擁有生命的一切美好。

　　爲了扭轉錯誤或負面信念，需要哪些想法才能開啓生命中的「全新可能」？需要什麼樣的基礎才能站穩腳步？需要知道什麼、相信什麼、接受什麼樣的訊息？

　　以下是一些不錯的想法供你參考：

我是有價值的。

我值得。

我愛我自己。

我允許自己獲得滿足。

你能想出一些屬於自己的信念嗎？把它們寫在這裡。

_____

_____

_____

_____

_____

_____

_____

_____

_____

_____

_____

_____

　　這些概念構築了你可以建立的信念基礎。除了這些基本要素以外，記得重複你的肯定句以創造你想要的事物。

練習12

我敬畏自己思想的力量，
它能療癒我的身體和生命。

I am in awe of
the power of my own thoughts
to heal my body and my life.

讓我們來探索生活中幾個特定領域，看看具有掌控權可以造成多大的影響。再次強調：**力量源於當下**。無論你正在處理什麼問題，改變永遠發生在此時此地！

　　首先，讓我們把注意力放在「健康」。我們有一副神奇的身體，維持著我們正常運作所需的養分，相對地，我們必須好好照顧自己。請記住，正如生活中的一切，身體也反映了我們內心的想法和信念。它一直在和我們對話，我們只須耐心聆聽。身體的每個細胞，都會對我們想到的每個念頭、說出的每一句話做出回應。

　　情緒會隨著生活發生的事件遍布全身，影響我們的器官。許多時候，我們忙到連自己承受著壓力都渾然不覺，此時，生病便成了身體發出的警訊，提醒著我們要放慢腳步，休息一下。即使意識層面未察覺，身體也能感知到失衡狀態，因此必須關注身體傳遞的訊息！

　　現在，請花幾分鐘感受身體發出的訊號，它正告訴你什麼呢？

若想打造更強健的體魄，無論如何絕不能對身體生氣。憤怒也是肯定的一種形式，代表嫌惡身體或它的某部分。療癒意味全然接納自己，不只是喜歡的部分，而是**全部**。

　　身體天生具備自我療癒的能力，只要擁有充足的營養、適量的運動和充分的睡眠，並保持正向思考，身體運作就會更輕鬆，細胞就能在有利於健康的快樂環境中工作。

　　盡可能對身體傾注更多的愛，溫柔地對它說話，輕柔地撫摸它。如果某處感到不適，請像對待生病的孩子般呵護、照顧它，告訴它你有多愛它，以及你正在盡力幫助它恢復健康。

　　有機會時不妨嘗試以上建議，並寫下你的感受。

越了解自己的健康，就越容易照顧好身體。千萬別覺得自己是受害者，那只會將力量拱手讓人。不必取得相關學位，但多方涉獵相關書籍、參加線上課程，或諮詢能提供協助的醫護人員都是好方法。無論採取何種方式，記得要營造出健康、快樂的心理環境。此外，在探索療癒方法時，也請記得每個人的狀況不同，對事物的反應也大不相同。

　　請積極參與自己的健康計畫，畢竟，真正的療癒涵蓋身心靈三方面。那麼，哪種方式聽起來更能賦予你力量？你將何時踏出這一步？

我悉心呵護、竭盡所能，
協助我的身體保持
完美健康。

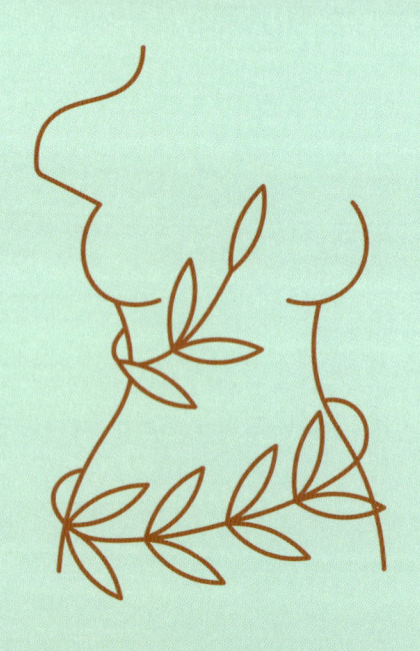

I lovingly do everything I can
to assist my body
in maintaining perfect health.

此時此刻，正是慈悲和療癒之時。請靜下心來，與內在蘊藏著療癒智慧的自我連結。

我擁有無限潛能，強大無比。

發自內心願意提升到新層次去覺察自己的潛能，不僅是為了治癒身體不適（比起疾病，我更喜歡這個說法），也為了在所有層面真正療癒自己，達到最深層次的**完整**。在這種狀態下，你開始能接受自己的一切以及所有經歷，明白一切都是生命織錦的一部分。

但願我們都能意識到所謂的「問題」，都是推動成長及改變的契機，且多數問題，其實都源自於我們散發的能量振動！我們真正需要做的，只是改變思維模式，並願意化解怨恨、願意寬恕。

以下的靜心練習對此非常有幫助。

靜心練習：寬恕之河

　　閉上眼睛，想像自己來到一片美麗的草地，宏偉的山脈圍繞四周。壯麗的景致激勵了你，你深吸了一口清新的空氣。

　　你注意到附近有條湍急的溪流，於是朝著它走去。你一直背著許多包袱，抵達河岸後，你放下了它們。

　　這些包袱中，有些是根深柢固的舊信念，一直阻礙著你前進。現在，請你逐一將它們放下、拋進河中。它們緩緩漂流而去，逐漸消散於無形之中。

　　清空剩餘的包袱，將過去所有痛苦的經歷、傷害、怨恨和無法寬恕，全部投進河中，看著它們一一沒入水中、隨波而去，永不復返。

　　請再深吸一口清新的山林氣息，在岸邊放鬆身心，感受卸下包袱後的輕盈自在。

　　回想一下，在靜心過程中有哪些思緒或感受浮上心頭。

_____

_____

_____

_____

_____

我深愛自己，
因此悉心呵護我的身體，
而我的身體也以活力充沛、
身心健康作為回應。

I love myself enough
to take excellent care of my body,
and it responds by giving
me vibrant good health.

在健康方面,以下是我很喜歡的肯定句,或許你也會覺得有幫助:

我的療癒已然開始。

我用愛傾聽身體的訊息。

我深入內在,與懂得療癒的自我連結。

我值得擁有健康。

請試著在這裡寫下你自己的肯定句。

你還能想到什麼方法，幫助自己提升對身體的掌控權？可以寫、可以畫、可以拼貼，或使用任何你喜歡的創意工具。

練習 13

我知道，在任何關係中，
我都能選擇讓自己
感到幸福、完整
和圓滿的道路。

I remember that in any relationship
I can choose the path that makes me
happy, whole, and complete.

對許多人來說，**人際關係**都是優先事項。然而，無論是尋找浪漫的愛情還是友誼的陪伴，都未必能吸引到對的人，因為我們的動機可能不夠明確。或許你會想：「喔，只要能有一個愛我的人，我的生活就會好很多。」但**事實並非如此**。對愛的「正常需求」與「過度依賴」之間，存在著巨大差異。

對愛過度依賴，意味缺乏一個最重要的人的愛與認可──自己。你可能會陷入過度依賴彼此等不健康的關係，對雙方都造成傷害。

或許你與某人初相識就受對方吸引，想從此形影不離，但請注意，絕對不能放棄自己的力量，特別是在關係萌芽的階段，否則最終你很可能會怨恨對方。

堅守界線，是維繫任何關係的基石。

在健康的關係中，雙方都會安心地支持彼此的興趣，並鼓勵對方擁有獨處的時間。畢竟完全依靠他人滿足自身需求，並不是與內在資源連結的表現。我們都需要透過獨處來探索自我、思考目標，以及為自己做出改變。

**獨處的時光，也能如與他人相伴般充實，
甚至更加充實。**

人際關係固然美好，但終究是暫時的，總有一天會曲終人散，能永遠伴你左右的只有自己。你與自己的關係是永恆

的，因此請務必成爲自己的知己。

每天撥出一些時間與內心連結，感受內在的愛，也把愛散播出去。以下的靜心練習是很好的起點。

靜心練習：感受愛

靜下心來，找到內在你感受到愛的安全之處。你可以想像自己的心臟或其他地方。深吸一口氣，感受身心釋放了痛苦、擔憂和恐懼。看見自己完整、健康、平靜，看見自己充滿愛。

現在，感受自己的愛在體內流淌，從頭頂到腳趾，眞切地感受愛浸潤著每個細胞。

要知道，你始終與宇宙相連。這個無條件愛著你及萬物的宇宙，是創造你的力量，將永遠陪伴你。你可以隨時回到內在深處的安全港灣，感受它愛的力量。

現在，請想像自己處於愛的光環中，了解每個人都渴望相同的事物——以富有創造力的方式表達自我，並從中獲得滿足感；渴望和平和安全，再也不必感到恐懼。

感受與世上其他人的連結，讓內心的愛流淌而出，散播到每個人的心間。當內心的愛向外散播，之後會加倍回到自己身上；向每個人傳遞撫慰人心的想法，善念會回流到自身。看見世界正變成一個令人感到驚奇的光圈，感受體內每個細胞的力量，知道這股力量隨時可供你運用，只須調整頻率與它連結即可。

寫下靜心過程浮現的任何想法或感受。

我無條件地愛與接納，
與生命中的所有人
都維持和諧的關係。

I am unconditionally loving
and accepting, and I have
a harmonious relationship
with everyone in my life.

家庭模式會持續影響我們的生活方式和人際關係，即使是成年之後。現在，請花些時間回顧自己在成長過程中體驗到的愛：愛在你的童年生活扮演了什麼角色？你的父母如何表達對彼此的愛和對你的愛？愛是否被爭吵、指責和壓力所掩蓋？現在情況如何？請誠實地寫下一切，包括擁抱、疼愛、爭吵、責難等。

_____

_____

_____

_____

_____

_____

_____

　　回顧過往可能會有些不安，但覺察到模式才能加以破除。

　　我們隨時能超越家庭模式的限制，而首要事項就是「原諒」。人們常賦予生命中的情境和人事物過多的掌控力，任由外界桎梏心靈。執著於舊怨，受苦的是**自己**，寬恕才是療癒傷痛的妙藥。

接下來，請思考自己希望與家人建立什麼樣的關係，將這樣的期望轉化為肯定句，例如：**我現在是一個完整、安全、獨立的成年人，完全有能力照顧自己，並能坦承地與家人相處。**先向自己宣告，再找機會告訴家人。如果無法或不願與家人聯繫，可以在心中默唸或寫在日記裡。

**我有權過自己想要的生活，
我有權成為自主的成年人。**

最後，接納家人本來的樣貌，而不是你期望的樣子。在為自己發聲、取回力量的同時，也要無條件地給予愛（若與家人失聯，只要在心裡感受這份愛即可）。為自己的勇氣喝采，明白此刻所做的努力，將有助於改善所有人際關係。

寫下自己做這件事期間感受到的變化。

談到人際關係，**就不可忽略朋友的重要**，畢竟朋友經常是最了解我們的人。即使沒有伴侶或獨立於原生家庭，我們依然能過好日子，但多數人若想快樂生活，就離不開朋友。

我深信，來到這個星球前，我們早已選擇好父母，朋友則是我們更有意識做的選擇。

請回想生命中深刻感受到朋友支持的三件事。也許是好友為你挺身而出，或在需要時為你慷慨解囊，或是助你度過了難關。

在每個例子中請寫下事件經過，以及事情發生後的感想，例如：

1. 事件經過：

第一份工作時，我因為會議上的一句失言被同事取笑，海倫挺身而出化解了我的尷尬，之後我們更成為了一生的摯友。

2. 事情發生後，我感覺：

即使我犯了錯也有人會出手相助。我值得擁有支持，也能吸引到真誠的朋友，無論順境、逆境，他們都會陪在我身邊。

1. 事件經過：
_____
_____

2. 事情發生後,我感覺：
_____
_____

1. 事件經過：
_____
_____

2. 事情發生後,我感覺：
_____
_____

1. 事件經過：
_____
_____

2. 事情發生後,我感覺：
_____
_____

我的朋友都很愛我、
支持我，
我也允許自己成為一個
優秀的朋友。

My friends are loving
and supportive.
I give myself permission
to be a friend.

談到愛與人際關係，有幾則我很喜歡的肯定句，或許也對你有幫助：

我遇到的每個人都讓我感到愉快，
我所有的人際關係都很健康，能給予我支持。

在任何關係中，
我都能選擇讓自己
感到幸福、完整和圓滿的道路。

我正與真心愛我的人享受著愉快且親密的關係。

我知道朋友和伴侶都曾是陌生人，
因此，我歡迎陌生人進入我的生命中。

請試著在這裡寫下一些你自己的肯定句。

在人際關係方面，你還能想到哪些方法，幫助自己感覺更有力量？可以寫、可以畫、可以拼貼，或使用任何你喜歡的創意工具。

練習14

現在,我正邁入富足與豐盛的新時代。

I now move into a
new era of prosperity
and abundance.

現在，讓我們談談財務狀況。 許多人認為，金錢是獲得幸福與解決問題的唯一要素，然而，我們都清楚，成千上萬人即使擁有龐大財富仍面臨諸多難題。金錢顯然不能解決一切。

　　我們都渴望快樂、渴望擁有平靜，但快樂和幸福是一種**內心狀態**，即使身無分文仍可以擁有它們。一切取決於我們選擇什麼樣的思維，以及在內心創造的是富足或匱乏。

　　收入不定，時有餘裕、時而拮据，都是再正常不過的現象。只要深信無論遇到什麼狀況，內在的力量永遠都會照顧好我們，就能輕鬆度過青黃不接的時期，了解未來必將豐收。

世間的豐盛無處不在，只等著你去體驗！

　　金錢取之不盡，用之不竭；能遇見的人數不勝數；喜悅無處不在，遠超乎你的想像。其實你早已擁有需要及渴望的一切，只要願意相信。我鼓勵你為自己追求最美好的事物，並相信內在的力量會為你實現它。

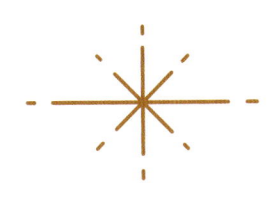

所有外在經歷都能與內在信念對應。我們允許自己擁有的財富，與我們的信念系統和童年時期學到的金錢觀息息相關。例如，很多人發現自己的收入很難超越父母，也有很多人抱持這樣的信念：只要中樂透，所有麻煩都會迎刃而解。這真是無稽之談。許多樂透得主通常不久後就過得比得獎前更糟，因為他們並未隨著財富的增加同步提升自己的意識，可能缺乏理財能力，或是一開始就不認為自己配得上這筆財富。

　　你對金錢抱持著什麼樣的信念呢？

這些信念是否賦予你力量，或者是時候做出改變了？為什麼？

_____

_____

_____

_____

_____

_____

_____

宇宙樂於給予，只要我們敞開心胸接受。

我喜歡張開雙臂，全然接受宇宙的豐盛贈禮。我一直在使用的肯定句是：**我的收入正在不斷增加**。我也很喜歡這句：**我超越了父母的收入水準**。你有權獲得比父母更多的財富，你需要破除自己的不配得感，欣然接受屬於你的豐盛財富，這是你的神聖權利。

敞開心胸迎接美好的事物。當好運降臨，不要抗拒，只要向它說聲「太棒了！」，向世界說聲「太棒了！」，機會和富足就會百倍增長。

請牢記，工作只是通往無盡財富泉源的眾多管道之一。財富能透過許多方式和途徑獲得，然而，無論以何種方式出現，都該將其視為宇宙的贈禮，滿懷喜悅地接受。

　　感恩是最能賦予我們力量的事物之一。感謝與接納像強力磁鐵，時刻吸引著奇蹟發生。選擇相信豐盛的宇宙，就能發現需求獲得滿足。

　　現在，請花點時間，寫下自己在這個豐盛的宇宙中感激的事物。

_____

_____

_____

_____

_____

_____

_____

_____

_____

我滿懷感激，
感恩生命中的
一切祝福。

I am filled with
gratitude for all the
blessings in my life.

宇宙的力量
支持著我的一切努力，
我擁有無窮的精力，
能輕鬆快速地完成任務。

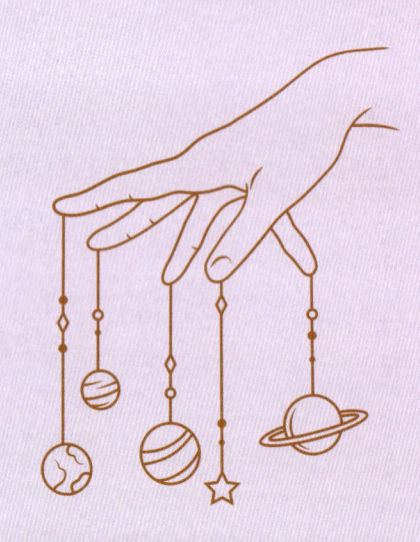

The power of the Universe
backs me in all of my endeavors,
and I have boundless energy to get
things done easily and quickly.

請問問自己以下問題：我需要優先消除哪項習慣，才能打造理想的財務狀況？

　　請注意，是**消除**，不是**打破**。打破東西，碎片依然存在，消除則使其消失殆盡。我喜歡想像它回歸最初的虛無。習慣始於虛無，也能歸於虛無。

　　或許，你會發現自己過度憧憬未來的美好，忽略了當下須面對的現實。或者，你可能需要停止否認，不再假裝可以繼續揮霍，卻無力負擔當前的開銷。

　　你有什麼習慣呢？首先需要採取什麼行動才能改善財務狀況？

接著，請聚焦在最先需要採取的那項行動，最好是你一直在逃避的那件事，並在接下來24小時內去做。可能是支付帳單、報稅、停用信用卡，或盡快找份能為家裡增加收入的工作，為日後更有吸引力的機會做好準備。請在這裡寫下你需要採取的行動。

_____

_____

_____

_____

　　提醒自己之後回到這頁，寫下採取行動時發生了些什麼。這種方式是否有效消除了這項習慣？或是還需要嘗試更多做法？

_____

_____

_____

_____

為新事物騰出空間是很好的富足練習。清理冰箱，丟掉那些用鋁箔紙包裹的零碎食物；整理衣櫃，把過去一年沒穿過的衣物售出、交換或捐出。

宇宙喜歡象徵性的舉動，而行動能賦予我們力量！

　　請在接下來幾天內進行清理雜物的練習，然後寫下發生了些什麼。

這裡是一些我很喜歡的富足肯定句，或許你也會覺得有幫助：

我欣然為生命付出，
生命也帶著愛回饋予我。

我接觸的一切都會成功。

富足的思想，創造了我富足的世界。

我允許收入不斷增加，
我永遠生活在舒適和喜悅之中。

請試著在這裡寫下一些你自己的肯定句。

你還能想到什麼方法，幫助自己在財務和富足方面感覺更有掌控權？可以寫、可以畫、可以拼貼，或使用任何你喜歡的創意工具。

練習15

每天，
我都更充分地展現
真我內在的美麗與力量。

Each day I express
more fully the inner
beauty and strength
of my true being.

現在，讓我們把注意力轉到人生的使命。你是誰？你來到這裡為了學習什麼？你來到這裡為了教導什麼？

每個人都有獨特的使命。

我們的存在超越了我們的個性、問題、恐懼、疾病，也遠超出我們的肉體。我們與地球所有生命相連。我們是靈魂、光、能量、振動和愛，有能力過著有目標、有意義的生活。

**再次強調，
快樂無法「外求」，只能源於內心；
唯有透過自愛與自我接納，
才能獲得真正的快樂。**

學會愛自己，並信賴內在的神聖智慧。改變心念，是顯化美好人生的第一步。

你是否清楚自己真正想做什麼，又渴望什麼樣的感受？別急著寫下「正確」答案，不要寫那些你認爲應該要做或應該感受的。試著突破當前的信念，想想什麼事能讓你眞正感覺自己活著，且深受啓發。

　　記得，獲得力量的關鍵是忠於眞實自我。

_____

_____

_____

_____

_____

_____

_____

_____

_____

_____

_____

發揮自己的優勢是非常重要的事。如果不確定自己的優勢在哪裡，可以進行九型人格之類的性格測驗幫助你找到答案。重要的是追求符合自己個性的目標，而不是迎合他人的期望。也就是說，如果你喜歡和人相處，可能不適合整天把自己關在房間；如果你樂於享受獨處，那這反而是件好事。

　　注意那些讓你內心響起「*就是這個！*」的事，然後制定積極的行動計畫，讓自己保持在這種狀態中。覺察自己的思維模式，放下那些無法幫你過上更好生活的舊信念。最後，找到讓自己快樂的事情後，記得多花點時間去做！

　　把你在這項練習學到的收穫寫下來。

_____

_____

_____

_____

_____

_____

_____

_____

也許你正考慮創業、投入慈善工作、繼續深造，或其他野心勃勃的事業。都很好！但請務必審慎評估，避免貿然投入尚未準備充分，或最終發現並不適合自己的計畫。

再次強調，請聆聽自己內心的聲音。

哪些資源有助於你實現目標？有能協助你工作或家庭生活的人際網路嗎？在無人監督的情況下，你也能激勵自己工作嗎？例如，新創事業的創辦人在賺取足夠的利潤得以雇用幫手前，往往需要投入大量時間精力。

當年，我只用一本書和一卷錄音帶創立了出版社。我在自己的臥房工作，年屆90歲高齡的母親則在旁協助。我們會在晚上打包書本和錄音帶寄出。很長一段時間，我每天工作10小時，一週持續7天，兩年後才有足夠的利潤聘請一名助理。那時，出版社對我來說只是一份不錯的副業，多年後才成為我的主業。

如果創業或成立組織是你的人生使命，也建議先從兼職開始。如果想繼續進修，可以考慮先試讀免費課程或在職進修，之後再全職就讀？無論你熱衷什麼事，不妨先在閒暇之餘嘗試探索相關領域，直到確定這就是你想追求的目標。

可以使用這個肯定句：**如果這份事業符合我的最大福祉和最高喜悅，請讓它輕鬆、順利地發展下去。**留意身邊所有跡象，如果出現延宕和阻礙，表示此刻不是發展的時機；如果一切水到渠成，就放手去做，但初期仍建議以兼職

方式進行。畢竟要擴大規模隨時都行,但有時想退出卻不是那麼容易。

請記住,能為你的職涯、道路和目標制定規則的人,只有**自己**。

我有能力過上夢想中的生活!

想一些能幫自己實現這件事的肯定句寫在下方。

_____

_____

_____

_____

_____

_____

_____

請務必經常說出這些肯定句,並聚焦於你想要的事物。

我卸下心中
所有妨礙我充分展現
創造力的枷鎖。

I release all
resistance to
expressing my
creativity fully.

每個人都擁有獨特的天賦和才能。遺憾的是，太多人在小時候被「好心做壞事」的大人扼殺了創造力。曾有老師因為我個子太高，告訴我我不適合跳舞，有個朋友則因為畫樹的方式不符合傳統形象，被告知沒有繪畫天分。這些理由實在可笑，但年幼的我們習慣服從大人，於是相信了這些話。但現在，我們有能力擺脫這些限制了。

　　另一個誤解是創造力僅屬於藝術家。實際上，創造力的表現方式千變萬化，「藝術創作」只是其中一種形式。生活中的每分每秒我們都在創造，從尋常的身體細胞更新，到情緒的波動、與他人的互動，甚至是對自己的看法，一切都是創造。

創造力可以是任何能讓你感到充實的活動。

　　你可以很會鋪床，可以很會做菜，可以在工作上揮灑創意，可以在花園裡展現藝術天分，或是想出獨特的方式善待他人。上述只是數百萬種創造力表達方式的幾個例子，無論哪種方式，都希望你能從所做的事中獲得滿足和深刻的成就感。

　　再次強調，我們每分每秒都在展現創造力，並以獨特的方式做自己。了解這點後，現在你可以放下那些認為你沒有創造力的聲音，放手執行每個浮現在腦海的計畫了！

　　為自己騰出展現自我的時間。如果你有孩子，時間有限，可以找朋友幫忙照顧孩子，反之亦然。你們都值得擁有自己的時間，值得這麼做。

哪些事能激發你的創造力？你一直想嘗試什麼事呢？

聆聽內心的聲音，然後放膽去做！

我樂於透過
各種創意方式
展現自我。

I feel good
expressing myself
in all sorts of
creative ways.

這裡是一些我很喜歡的人生使命肯定句，或許你也會覺得有幫助：

我做著自己熱愛的事，並獲得豐厚的報酬。

我工作是為了享受和滿足，
而非僅為了謀生。
我用心靈和思想來提升生活。

我的工作非常充實，我能自由發揮創意。

我的才能備受需求，
我獨特的天賦受到周圍人的讚賞。

請試著在這裡寫下一些你自己的肯定句。

在人生使命方面,你還能想到哪些方法,幫助自己感覺更有掌控權?可以寫、可以畫、可以拼貼,或使用任何你喜歡的創意工具。

生活中還有哪些領域讓你感到無力？在這裡寫下你的感受。

現在,請試著透過創作肯定句或其他想法重塑信念,取回自己的力量。

練習16

生命只帶給我美好的體驗。
我敞開心胸，
迎接嶄新且美好的改變。

Life brings me only
good experiences.
I am open to new
and wonderful changes.

重新編寫內心的程式時，時而進步、時而退步，是再正常不過的事，都是練習的一部分。我認爲，沒有任何新技能可以在最初的20分鐘內完全掌握。

是的，學習新的思考模式需要時間練習，要對自己有耐心。

我們經常抱持著阻礙改變的信念。

也許你經常對自己說，「我做不到」或「這太難了，而且時機也不對」，我們甚至會拿其他人當藉口，來逃避改變或改善生活的責任。我們把力量「拱手讓人」，說著「家人不讓我做」「命運對我太不公平」，甚至是「他們必須先改變，我才可以」，藉口只會越來越多。

別讓恐懼或藉口阻礙你。**改變並非壞事**，而是意味我們能從孤獨、分離、寂寞、憤怒、恐懼和痛苦等感受中解脫，創造充滿感恩與平和的生活。在那樣的狀態中，我們得以放鬆身心，欣賞來到我們身邊的事物，知道最終一切都會安然無恙。請默唸下方的肯定句：

一切安然無恙，這只是改變，我是安全的。

121

對我來說，人生朝什麼方向走並不重要，因為我知道它必定精彩絕倫。因此，我能在任何境遇和狀況下甘之如飴。我知道改變將帶來挑戰，但值得去做。剛開始或許會不安，需要付出一些努力，但我會逐漸習慣新狀況，並在之後的每一天感覺越來越好。那些恐懼和抗拒改變的心態，本質上就等同於告訴自己「我不夠好」。

　擁抱改變，不與之抗衡，就能允許更多快樂進入生活。選擇不再停滯不前，就能開始取回自己的力量，瓦解自己一手打造出的問題。默唸以下肯定句將為你帶來更多力量：

我願意釋放意識中創造出這個狀況的模式。

　還沒準備好在生活中做出重大改變也沒關係，不妨從小處著手，例如：聯繫久未交談的朋友、嘗試走一條平常不走的路、做一道先前未曾做過的菜餚、參加全新的健身課程，甚至只是讓自己一整天不抱怨，都行。透過微小的改變，就能幫助你重新塑造大腦，引進新想法。

**這些積極正向的小轉變，
能幫助你以嶄新的眼光看待世界。**

接下來一週，試著每天嘗試一件新事物或做出一項小改變。寫下自己做了什麼、對這次體驗的感受，以及一天當中的心境變化。

練習17

我是我的世界裡唯一的力量,我創造了和平、愛、喜悅和充實的生活。

I am the only power in my world,
and I create a peaceful,
loving, joyful, fulfilling life.

任何情況下，我相信我們都有選擇愛或恐懼的權力。恐懼是我們難以完全接受自己力量的原因。我們害怕改變、害怕不改變、害怕未來、害怕冒險、害怕親密，也害怕孤獨。我們可能害怕別人知道我們的需求和真實的自我，也害怕放下過去。

　你已經學到，心念創造了當下的身體感受，也將創造出明天的體驗。如果總為了瑣事焦慮、容易小題大作，將永遠無法找到內心的平靜及力量。

　我認為壓力是對生活不斷變化的反應，是人們經常用來逃避為自己感受負責的藉口。壓力只不過是恐懼，就這麼簡單。

你無須畏懼生活或自己的情緒。

　請探尋自己內心深處的恐懼根源。

　內心的喜樂、平靜與和諧是我們的終極追求。和諧就是接納自己。壓力與內心的平靜不可能同時存在，內心平靜，便能專注於當下，而非讓外界擾亂心境。

當恐懼來襲，我總會想起太陽。縱使被烏雲暫時遮蔽，它仍將永遠散發光芒。如同生命，可能被負面思考暫時遮蔽，但生命之光仍將永遠閃耀。面對恐懼時，可以選擇將它視為掠過天邊的雲朵，待其自行飄散。

　　你認為呢？覺得這個意象有幫助嗎？如果沒有，是否有其他更適合你的意象？

　　我們都希望安然度過一生。別被**壓力**這短短兩個字掌控，別讓它成為你身心緊繃的藉口。沒有任何人事物能凌駕於我們，我們才是自己思維的主人，而想法正形塑著我們的人生。鍛鍊自己去思考讓人愉悅的念頭，如此一來，你將時刻以喜悅為基石，創造充滿喜樂的人生，因為喜悅總能吸引更多令人喜悅的事物。

愛自己，才能照顧好自己。

　　竭盡所能地強健自己的身心靈，向內在的力量尋求指引。當恐懼升起，請明白它是在試圖保護你。建議你可以對恐懼說：「我知道你想保護我，感謝你的幫忙，謝謝你。」承認恐懼的念頭是為了保護我們而存在。

　　感受到壓力時，積極採取行動去釋放那份恐懼，深呼吸、喝杯水或快步走都是好方法。可以的話，我希望你現在就放下手邊的事，去做上述提及的任何一件事，並寫下你的感受。

練習 18

此刻,我正沐浴在無盡的愛、光明與喜悅之中,我的世界一切安好。

I now live in
limitless love, light, and joy.
All is well in my world.

請跟著我重複：「我棲身於無限的可能之中，所在之處盡是美好。」靜心體會這句話一分鐘。盡是美好。不是部分、不是些許，而是全部。

**當我們相信一切皆有可能，
就能敞開心扉，接受生活各領域的答案。**

是否能感受到這種無限開放的可能性，取決於個人和集體。要麼築牆把自己困住，要麼感受到足夠的安全感而拆除高牆，讓一切美好的事物來到身邊。

請記住：愛自己是你能做的最重要的事，足夠愛自己，就不會傷害自己或他人。這正是世界和平的處方。如果我不傷害自己、也不傷害你，戰爭怎會發生？越多人達到愛自己的境界，世界就越好。開始覺察自身言行，聆聽對自己與他人說的話語，就能開始做出改變。療癒自己，也是在療癒整個世界。起點並不重要，重要的是願意踏出第一步。

改變的力量一直在自己手中。

認知到自己活在友善的宇宙中，生命愛著自己，將成為你信心的依靠。無論順境、逆境，相信愛的存在便不可能感到孤單。愛能引領我們走向無限可能，開啟內在潛藏的力量，那股力量深知什麼能為我們創造最大的福祉。愛能引導我們發現最真實的自我，邁向至善。愛，必將為你指引道路。

現在,請翻回你在第13頁和第61頁寫下的內容。花些時間想像自己擁有、做到,或成為你所渴望的一切,盡可能詳細描繪那些讓你充滿熱情和熱忱的事物。充分發揮創意,讓這個畫面栩栩如生,並盡情享受這個過程!

請在這裡描述讓你充滿力量的圖像。

接下來，請想像自己正過著你在上一頁練習中描述的生活。過著理想生活的感覺如何？你看起來如何？你感覺到、看到、嚐到、觸碰到，或聽到什麼？想像一下你的人際關係。你在跟誰來往？放下過去，準備好讓接下來的人生成為你生命中最美好的時光，這種感覺如何？

　　放輕鬆、深呼吸，仔細感受這份你剛獲得的自由和快樂。

在這本日誌結束前,我想送你一段特別的肯定句。你可以對著鏡子裡的自己說,或至少張貼在能經常看到的地方。

我全然接納自己創造的一切。我愛自己、接納自己原本的樣貌。無論身在何處,我都支持自己、信任自己、接納自己,安居在我內心的愛裡。我把手放在心口,感受著那裡的愛。我知道,此時此刻有足夠的空間讓我接納自己。我接納我的身體和所有經歷,接納我為自己創造的一切,包括過去和現在。我願意敞開胸懷迎接未來。我是神聖且壯麗的生命的展現,我值得擁有美好的一切。現在,我為自己全然接納一切。我接納奇蹟、接納療癒、接納完整。最重要的是,我接納我自己。我是珍貴的,我珍惜自己本然的存在。

我的世界,一切安好。

下方幾個肯定句,是貫穿整本日誌最振奮人心的想法,請允許我再次和你分享:

人生其實很簡單。

你關注什麼,什麼就會放大。

力量源於當下。

想法只是想法,而想法是可以改變的。

我們永遠都有選擇的權力。

你將提出的所有問題的答案,
都早已存在你內心深處。

不要認為你的心掌控了你,
是你在掌控你的心。

宇宙眷顧心存感恩的人。

每次經歷,都是成長的契機。

　　你可以把這張清單張貼在顯眼的地方,時刻提醒自己:無論境遇如何,你都擁有改變生活的力量。

精選金句中英抄寫

邀請你一起透過抄寫靜心，
將露易絲‧賀金句中的智慧內化於心。

我們擁有思想和言語的力量。當我們改變想法和言語，經歷也會隨之改變。
We have the power of our thoughts and words. As we change our thinking and our words, our experiences also change.

無論來自何處、童年過得多艱辛，你都可以在今天做出積極的改變。當你開始有意識地掌控自己的思想和言語，便擁有了能創造夢想生活的工具。
No matter where we came from, no matter how difficult our childhood was, we can make positive changes today. When we begin to take conscious charge of our thoughts and words, then we have tools we can use to create the life of our dreams.

_____

_____

_____

_____

_____

_____

_____

力量,來自於對自己的人生負責。
Our power comes from taking responsibility for our lives.

怪罪他人等同於放棄自身力量,承擔責任則賦予自己改變生活的力量。扮演受害者是將力量讓給外界、讓自己變得無助,而擔起責任,將讓你不再浪費時間責怪外在的一切。

Blame is about giving away our power. Responsibility gives us the power to make changes in our lives. If we play the victim role, then we are using our personal power to be helpless. If we decide to accept responsibility, then we don't waste time blaming someone or something out there.

我們的內在智慧，是我們與生命的一切最直接的連結。

Our inner wisdom is the best direct connection we have with all of life.

我們這一生會提出的所有問題的答案，早已存在我們心中，只待我們花時間與內在連結。

All the answers to all the questions we will ever ask are already within us. We just need to take the time to connect to them.

_____

_____

_____

_____

_____

_____

_____

_____

_____

肯定句能為你創造一個焦點,讓你開始改變思維。

Affirmations create a focal point that will allow you to begin changing your thinking.

肯定句能超越當前的現實,透過當下使用的詞彙創造未來。選擇肯定地說「我非常富足」,即使此刻存款寥寥無幾,也正在為自己未來的富足播下種子。

Affirmative statements go beyond the reality of the present into the creation of the future through the words you use in the now. When you choose to affirm I am very prosperous, you may actually have very little money in the bank at the moment, but what you're doing is planting seeds for future prosperity.

獨處的時光，也能如與他人相伴般充實，甚至更加充實。 Our alone time can be just as fulfilling as the time we spend with other people─or even more so.

人際關係固然美好，但終究是暫時的，總有一天會曲終人散，能永遠伴你左右的只有自己。你與自己的關係是永恆的，因此請務必成爲自己的知己。

Relationships are wonderful, but they're all temporary, because there comes a time when they end. The one person you are with forever is you. Your relationship with yourself is eternal, so be sure to be your own best friend.

世間的豐盛無處不在,只等著你去體驗!
There is so much abundance in this world just waiting for you to experience it!

金錢取之不盡,用之不竭;能遇見的人數不勝數;喜悅無處不在,遠超乎你的想像。其實你早已擁有需要及渴望的一切,只要願意相信。

There is actually more money than you could ever spend, there are more people than you could ever meet, and there is more joy than you could ever imagine—you in fact have everything you need and desire, if only you would believe it.

_____

_____

_____

_____

_____

_____

_____

_____

每個人都有獨特的使命。
We all have a unique purpose.

我們的存在超越了我們的個性、問題、恐懼、疾病,也遠超出我們的肉體。我們與地球所有生命相連。我們是靈魂、光、能量、振動和愛,有能力過著有目標、有意義的生活。

We are more than our personalities, our problems, our fears, and our illnesses. We are far more than our bodies. We are all connected with everyone on the planet and with all of life. We are all spirit, light, energy, vibration, and love, and we all have the power to live our lives with purpose and meaning.

當我們相信一切皆有可能，就能敞開心扉，接受生活各領域的答案。
When we believe that anything is possible, we open ourselves up to answers in every area of our life.

請記住：愛自己是你能做的最重要的事，足夠愛自己，就不會傷害自己或他人。這正是世界和平的處方。
Remember, loving yourself is the most important thing you can do, because when you love yourself, you are not going to hurt yourself or anyone else. It's the prescription for world peace.

國家圖書館出版品預行編目資料

允許一切的美好發生：強化心念力量的引導日誌 /
露易絲・賀（Louise L. Hay）著；聿立譯. -- 初版. -- 臺北市：方智出版社股
份有限公司, 2024.10
144 面；14.8×20.8公分 --（方智好讀；173）
譯自：The Power of Your Thoughts : A Guided Journal for Self-Empowerment
ISBN 978-986-175-812-1（平裝）
1.CST：自我肯定 2.CST：自我實現 3.CST：生活指導
177.2　　　　　　　　　　　　　　　　　　　　　113011773

www.booklife.com.tw　　　　　　　　　　reader@mail.eurasian.com.tw

方智好讀 173

允許一切的美好發生：強化心念力量的引導日誌

The Power of Your Thoughts: A Guided Journal for Self-Empowerment

作　　者／露易絲・賀（Louise L. Hay）
譯　　者／聿立
發 行 人／簡志忠
出 版 者／方智出版社股份有限公司
地　　址／臺北市南京東路四段50號6樓之1
電　　話／（02）2579-6600・2579-8800・2570-3939
傳　　真／（02）2579-0338・2577-3220・2570-3636
副 社 長／陳秋月
副總編輯／賴良珠
主　　編／黃淑雲
責任編輯／李亦淳
校　　對／黃淑雲・李亦淳
美術編輯／金益健
行銷企畫／陳禹伶・蔡謹竹
印務統籌／劉鳳剛・高榮祥
監　　印／高榮祥
排　　版／莊寶鈴
經 銷 商／叩應股份有限公司
郵撥帳號／ 18707239
法律顧問／圓神出版事業機構法律顧問　蕭雄淋律師
印　　刷／國碩有限公司
2024年10月　初版

THE POWER OF YOUR THOUGHTS: A GUIDED JOURNAL FOR SELF-EMPOWERMENT
Copyright © 2024 by Hay House LLC
Originally published in 2024 by Hay House LLC
Complex Chinese Translation copyrights © 2024 by Fine Press, an imprint of Eurasian Publishing Group.
Be Arranged Through Bardon-Chinese Media Agency.
All rights reserved.

定價 310 元　　　　ISBN 978-986-175-812-1　　　　版權所有・翻印必究

◎本書如有缺頁、破損、裝訂錯誤，請寄回本公司調換　　　　　　Printed in Taiwan